DATE DUE

BÉISBOL

BÉISBOL: EL CAMPO Y EL EQUIPO

BRYANT LLOYD

TRADUCIDO POR OLGA DUQUE

Rourke Publishing LLC
Vero Beach, Florida 32964

© 2003 Rourke Publishing LLC

PHOTO CREDITS:
All photos © Lynn M. Stone except p.22 © Rob Simpson

EDITORIAL SERVICES:
Versal Editorial Group
www.versalgroup.com

Library of Congress Cataloging-in-Publication Data

Lloyd, Bryant. 1942-
    Béisbol: El campo y el equipo / Bryant Lloyd.
        p. cm. — (Martial arts)
    Includes index.
    Summary: Discusses two essential elements of the game of baseball: the field on which the game is played and the equipment used in the game.
    ISBN 1-58952-446-2
    1. Baseball fields—Juvenile literature. 2. Baseball—Equipment and supplies—Juvenile literature. [1. Baseball fields. 2. Baseball—Equipment and supplies.]
I. Title II. Series: Lloyd, Bryant. 1942- Baseball.
GV1102.7.P75L56 1998
796.8—dc21

Printed in the USA

TABLA DE CONTENIDO

EL EQUIPO DE BÉISBOL

Los juegos de béisbol con **reglamento** se juegan de acuerdo con las reglas oficiales del béisbol. Los jugadores necesitan cierto equipamiento, además de un campo de juego. Un juego con reglamento también necesita de ciertas personas además de los jugadores (árbitros, entrenadores y directores).

También es imprescindible un terreno plano de béisbol.

Los campos de las Grandes Ligas difieren en las dimensiones. Algunos viejos parques no tienen más de 250 pies (76 metros) por las líneas de los jardines derecho e izquierdo. Los parques nuevos tienen que tener como mínimo 325 pies (unos 99 metros), por las líneas de los jardines y 400 pies (122 metros) por el jardín central.

Un equipo de las Ligas Menores sale al campo al comienzo de un juego.

EL CAMPO

Un campo de béisbol está formado por el cuadro y los jardines. El cuadro tiene la trayectoria entre las bases y el montículo del lanzador hecho de arcilla o de arena.

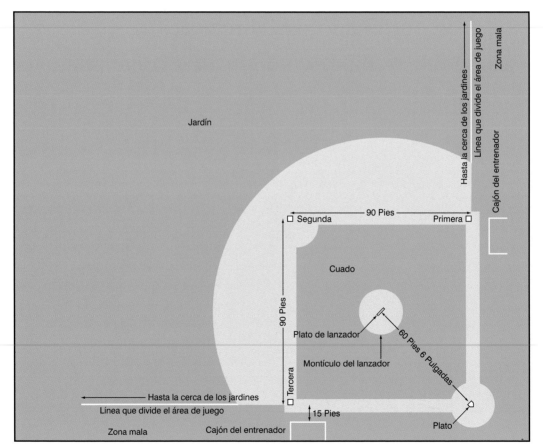

Este diagrama muestra la composición básica de un campo de béisbol profesional.

Las líneas blancas de cal marcan el límite entre el territorio bueno y el malo, aquí se ve la línea de primera base.

El límite entre el cuadro y los jardines es pasto natural o **artificial**. Los campos de béisbol tienen líneas blancas que separan el territorio bueno del malo. Líneas blancas de cal marcan los cajones de bateo, del receptor y de los entrenadores.

Algunos campos de béisbol tienen unas **cuevas** de espera (dugouts). Éstos son lugares por debajo del nivel del terreno a ambos lados del cuadro donde se sientan los jugadores que no juegan y también cuando el equipo va al bate.

LAS BASES

El plato, un pedazo de plástico duro, es una de las cuatro bases de un campo de béisbol. El bateador se para a un lado del plato (home) para batear.

La distancia entre una base y otra es de 90 pies (27 metros). Las cuatro bases juntas forman un diamante.

Exceptuando el plato, todas las bases son almohadillas de lona blanca. Cada almohadilla está rellena de un material suave y anclada a la tierra.

La distancia entre las bases en un campo de Ligas Menores es de 60 pies (18 metros).

Un bateador recibe un lanzamiento bajo en el plato, el punto donde comienza un diamante de béisbol.

La pelota

Una pelota de béisbol tiene el tamaño aproximado de una naranja, pero es perfectamente redonda. Tiene entre 9 y 9.5 pulgadas (23 a 24 centímetros) de circunferencia. A diferencia de las pelotas de softbol, que son más grandes, una pelota de béisbol es dura, casi como una roca.

La fabricación de una pelota de béisbol comienza con un pequeño corcho. El corcho se envuelve con capas bien apretadas con hilo y goma. Dos secciones de cuero de vaca cosidas con hilo rojo forman la cubierta de la pelota.

Hasta 1974, las pelotas de béisbol se fabricaban con cuero de caballo en lugar de cuero de vaca. Las pelotas de béisbol, así como los bates y los guantes, se fabrican por compañías de artículos deportivos.

La cubierta de una pelota de béisbol está formada por dos tiras de cuero de vaca cosidas con hilo rojo.

11

LOS BATES

Los bates de béisbol son usados por los bateadores para batear las pelotas lanzadas por los lanzadores. Los bates tienen tamaños diferentes. Los bates de las Ligas Menores tienen 29 pulgadas (74 centímetros) de largo. Los jugadores de Preuniversitario, Universidad, y de la liga **profesional** generalmente usan bates de 33 a 36 pulgadas (84 – 91 centímetros) de largo.

Casi todos los jugadores de béisbol que no son profesionales usan bates de aluminio.

Aquí los profesionales de las Grandes Ligas, en un ejercicio de entrenamiento de primavera, usan bates de madera, como el de color negro brillante que se muestra con los guantes.

Los profesionales, incluyendo todos los de las Grandes Ligas, tienen que usar bates de madera. Los bates se hacen en fábricas, principalmente de fresno, pero algunas veces se usan el nogal o el almez.

Los amateurs suelen usar bates de **aluminio**. Con el aluminio se batea la pelota más duro y más lejos que con la madera.

LOS CASCOS, LOS GUANTES Y LAS ZAPATILLAS

El bateador usa un casco hecho de plástico resistente. Éste le protege la cabeza de serias lesiones en caso de que la pelota lo golpee. Los jugadores también usan casco cuando corren las bases.

Para capturar la pelota se usa un guante de béisbol. Los guantes de béisbol se fabrican de piel acolchonada. Los receptores usan un guante especial fuertemente acolchonado y se llama mascota del receptor. El primera base usa un guante extra largo. Esto le brinda un alcance extra para los tiros malos.

Las zapatillas de los jugadores se llaman **spikes**. Los pinchos de metal o nilón fijados a las suelas también se conocen como *spikes*.

Los *spikes* de nilón no son tan afilados o peligrosos como los de metal. Tampoco son tan efectivos en los terrenos de hierba natural. Los *spikes* de nilón son útiles en los campos de béisbol de hierba artificial.

El guante de béisbol es como una continuación de la mano del jugador. Los spikes lo ayudan a arrancar, parar y no caerse.

Los uniformes

Los jugadores de béisbol usan uniformes que incluyen una gorra, una camisa o camiseta, un pantalón ajustado a media pierna o bombachos y unas medias largas.

Cada jugador usa un número en la espalda de su camiseta y a veces también su apellido. El nombre del equipo o de la ciudad que representa aparece en el frente.

Muchos jugadores usan uno o dos guantes delgados para batear. Los guantes de bateo ayudan a los bateadores a empuñar mejor el bate.

El receptor usa una máscara, un protector de pecho, o peto, y protectores de espinilla en las piernas, además del uniforme.

Los uniformes identifican al juagador y al equipo. Los uniformes de visitador de las Grandes Ligas muestran el nombre de la ciudad que representan en el frente de la camiseta.

LOS DIRECTORES Y LOS ENTRENADORES

La persona que dirige el equipo de béisbol en el campo puede ser un director o un entrenador. En el béisbol profesional, el guía del equipo siempre es un director.

El director o jefe de los entrenadores decide quién jugará y en qué posición.

El asistente de tercera observa el tiro escapado. Con la palma de la mano hacia abajo le indica al corredor (verde) que se detenga en tercera base.

El entrenador, el receptor y el lanzador conferencian para decidir la estrategia del equipo ante el próximo bateador.

El director también decide el orden al bate de los bateadores y la **estrategia**, o plan del equipo para ganar. El director o jefe de los entrenador, usa señales de mano para indicarles a los bateadores que bateen fuerte, que roben bases o que toquen la bola, por ejemplo.

Los entrenadores en los cajones de entrenador de primera y tercera les ayudan a los corredores en bases a planificar sus estrategias.

LOS ÁRBITROS

Uno o más árbitros controlan el reglamento del juego. Los juegos de béisbol de las Ligas Mayores usan cuatro árbitros o más. Un árbitro trabaja detrás del plato. Otros árbitros trabajan en primera, segunda y tercera bases. En los juegos de desempate (playoff), se agregan dos árbitros, uno en cada línea de zona mala (foul) de los jardines izquierdo y derecho.

Los árbitros toman decisiones sobre las bolas en zonas malas o buenas, sobre si los corredores en bases son quietos, y sobre las bolas buenas y malas para los bateadores. Ellos hacen que se cumplan todas las reglas del juego, pueden parar un juego y expulsar un jugador o un entrenador de un juego.

Un campo de las Ligas Menores tiene una cerca o muro de unos 200 pies (61 metros) de largo alrededor de los jardines, a la misma distancia del plato para los tres jardines.

Un árbitro mantiene el juego de béisbol bajo las reglas oficiales. Aquí, el árbitro del plato canta las bolas malas y buenas, entre otras cosas.

GLOSARIO

aluminio — metal ligero, duro y resistente usado en los bates de béisbol

artificial — que parece o es similar a algo "real" como la hierba artificial

árbitro — uno de los oficiales en el campo que toma las decisiones sobre el juego, como las zonas buenas o malas, las bolas buenas y malas, etc.

cueva — un lugar por debajo del nivel del terreno donde se sientan los jugadores en un campo de béisbol

estrategia — un plan o diseño

profesional — que posee un alto nivel o destreza, que se le paga por esa destreza

reglamento — conjunto de reglas: el juego de béisbol se juega de acuerdo a las reglas

spikes — pinchos afilados que se colocan en las suelas de las zapatillas de béisbol, o las zapatillas mismas

Los receptores de las Ligas Menores usan cascos como parte del equipo que los protege de las bolas y los bates.

ÍNDICE